ジョン・C・マクスウェル式
感情で人を動かす

世界一のメンターから学んだこと

豊福公平

きずな出版

アメリカでもっとも信頼されている「リーダーシップ論」の権威《けんい》として知られ、
歴代の米国大統領から「メンター」と仰《あお》がれる人物――
それが、ジョン・C・マクスウェルです。

リーダーとは、どうあるべきか。
人生は、いかに生きるべきか。

毎年2万5000人以上の人たちが、
「リーダーのリーダー」と讃《たた》えられる彼の教えを学び、
世界に活躍の場を広げています。

私自身も、ジョン・C・マクスウェルから直接、指導を受けることで、
ビジネスを大きく飛躍させることができました。

「リーダーシップなんて自分には関係ない」

そんなふうに思う人もいるかもしれませんが、それは違います。

私たちは誰もが、自分の人生のリーダーです。
だからこそ、マクスウェルの教えは、誰にも有益で、
すぐに実践できることばかりです。

さあ、人生を飛躍的に変えてみたいと思いませんか。

はじめに——
なぜ人は動かないのか？

「あいつは、私のいうことを聞かない」

多くのリーダーが、一度は感じたことがあるはずです。

人にはそれぞれ個性があり、それぞれが違ったバックボーンを持っています。

10人の人間がいれば、10の価値観がある。それは仕方がないことです。

しかし、ビジネスにおいては、そんなさまざまな価値観の持ち主たちを一つにまとめ、同じ目標へと突き進んでいかなければなりません。

それがリーダーの仕事であり、もっとも難しいところでもあるのです。

経営者の中には、社員を〝道具〟や〝駒《こま》〟のように扱うことで、業績を伸ばそうとする人もいます。

「細かいことや難しいことは考えていても仕方ないって。仕事ができなかったら、代わりの人間はいくらでもいるよ」

「社員一人ひとりの個性なんて考えていたら、仕事にならないよ」

ビジネスとしての業績を上げているのであれば、それはそれで構わないのかもしれません。しかし、少子高齢化で若い働き手が少なくなるこれからの時代に、「代わりの人間はいくらでもいるよ」などという考えが通用するとは、私は思いません。

何よりも、人を〝道具〟や〝駒〟として扱うことなどしたくない、それで業績を上げるようなマネジメントは、私はしたくないのです。

チームとは何か

私は外資系大手生命保険会社から独立し、ベンチャーとして保険代理店を立ち上げました。

現在、北は北海道から南は福岡まで、全国に9の支社を持ち、総勢約70名以上の社員を抱えています。

彼ら社員はみな、私と一緒に目標達成に向けて走り続けてくれる大切な仲間です。

私にとって、会社を大きくする、業績をアップさせることは、実現すべき「夢」なのです。

そしてその夢は、一人や二人で叶《かな》えることはできない。だから「社員＝仲間」の力が必要なのです。

みんなで試行錯誤《しこうさくご》し、みんなで努力し、みんなで夢を実現させること。それが会社の成長、業績アップだと考えるのです。

「アンタは甘い。ビジネスとは、もっとシビアなものだよ」

そう思う人もいらっしゃるでしょう。

たしかにビジネスは「数字」の世界。いくらみんなが同じ夢に向かって努力しても、結果を残すことができなければ、意味がない。

これは当たり前のことでしょう。

では、社員みんなが、仲間として同じ夢に向かって進むという経営では、結果は出せないのでしょうか？　そんなことはありません。

自信を持っていえますが、私が大手生命保険会社から独立し、たった2年で全国展開を実現できたのは、同じ夢を持った仲間＝社員がいたからなのですから。

一緒に夢を見てくれる社員を集め、一緒に夢に向かって進んでくれるように接する。それが私のビジネスのやり方、経営者としての〝リーダーシップ〟です。

リーダーシップの神様との出会い

このリーダーシップの在《あ》り方を教えてくれたのが、リーダーシップ論の権威「ジョン・C・マクスウェル」です。

マクスウェルは、毎年2万5000人以上のビジネスマンを指導する、リーダー育成、能力開発、「夢を実現させる方法」の世界的エキスパートです。「リーダーのリーダー」「世界一のメンター」の異名を持ち、アメリカ大統領・オバマも彼をメンターと仰ぐほどの人物なのです。

私がマクスウェルと出会ったのは、2010年のこと。

彼の存在は、もちろんそれまでに書籍などを通じて知っていました。

彼のリーダーシップ論は、まさに私が理想と考えていたもの。

「いつかこの人から直接学ぶことができたらな……」

そんな気持ちを胸に、夢中で本を読んでいました。

そして、そのチャンスは唐突《とうとつ》にめぐってきました。

「中国・上海でおこなわれるセミナーに、〝リーダーシップの最高権威〟が来る」

この情報を知った私は、すぐにセミナー参加を決めました。

初めて、マクスウェルのセミナーを受講したときの衝撃と感動は、いまも私の胸に深く刻まれています。

大勢の聴講生を前にしながら、そこで語られたことは、まるで私のためだけに話してくれている、と思えるほどでした。当時の私が、ビジネスを進めていくなかで、迷い、疑問に思っていたことの「解決策」を、いくつも発見することができたのです。

それまでの私は、「仕事とはこうあるべき」「会社とはこうあるべき」「リーダーとはこうあるべき」……というような、自分のなかで知らず識らずにすり込まれた「思い込み」によって、自分自身を縛っていたのです。

マクスウェルの考え方は、私のそうした呪縛《じゅばく》を解き放してくれました。

マクスウェルのセミナーにすっかり魅了《みりょう》された私は、その後、彼に熱心にアプローチし、いつしか直接教えを乞《こ》うことができる関係になりました。

ある日、マクスウェルと一緒に食事をしていた私は、興味本位で彼にこんな質問をしてみました。

「オバマ大統領とは、いつもどんな会話をしているんですか？」

それに対する彼の答えは、こうでした。

「私は必ず彼に、会話の初めにこう質問する。『あなたが大統領になって、アメリカ国民は本当によかったのですか？』と」

この言葉は、私にとっても大きな衝撃でした。

「私が社長で、うちの社員は本当によかったのだろうか？」

超大国の大統領も、一ベンチャー企業の経営者もまったく同じ。

自分がリーダーでいることで、自分は人を幸せにしているのだろうか……。

これはすべてのリーダーが、自分に対して問うべきことだと思います。

「毎日がチャレンジ。仕事が楽しくて仕方がない」

「これまでに達成できなかった目標が、この会社で達成できた！」

「命がけでチャレンジする価値が、この会社にはあった」

いま、仲間たちからは、うれしい声がいくつも私の下に届いています。

一緒に夢に向かって進むことは、甘いことではありません。

ビジネスの結果を出すための、立派なノウハウなのです。

そのことを教えてくれたのが、マクスウェルです。

本書では、ジョン・C・マクスウェルのリーダーシップ論のエッセンスにもとづいた私の実践法をご紹介します。

社員を道具扱いせず、**一人ひとりの「感情」に注目し、人を動かすノウハウ**が、ここにあります。

「世界一のメンター」の教えは、とても幸せなものだったのです。

目次 CONTENTS

第Ⅰ章 本物のリーダーは「感情」をあやつる

第2章

「カリスマ」と呼ばれる人の秘密

第3章 人を動かす影響力をつける

第4章 批判されたときの感情との向き合い方

第5章 感情を動かすには「アイデンティティ」を知れ

ジョン・C・マクスウェル式

感情で人を動かす

世界一のメンターから学んだこと

第 I 章

本物のリーダーは「感情」をあやつる

「本当のリーダーシップ」とは何か

「こんなはずじゃなかった」

「営業の達人」

「交渉のエキスパート」

私は、いままで多くの人から、そう認められてきました。

自分でいうのも何ですが、私は現在の会社を起こすまで、外資系の大手保険会社の営業マンとして、バリバリに活躍してきました。

経営者、芸能人、スポーツ選手などの有名人をクライアントに持ち、自社の社長杯にも毎年入賞。世界中の生命保険・金融サービスの専門職のトップクラスが集まるコミュニティにも入会するなど、まさに順風満帆《じゅんぷうまんぱん》。

しかし私は、そのまま会社員でいるつもりはありませんでした。

私には夢がありました。

「日本一の保険代理店をつくり、世界に進出する」

それが私の夢だったのです。

私は大手保険会社を辞め、会社を起こしました。

起業当時の目標は、「10年後に100人規模の会社にすること」。

単純に考えれば、5年で50人……1年に10人ずつ採用していけばいい計算です。

「何とかなるだろう」

確固たる自信はないものの、漠然《ばくぜん》と、そんなふうにも思っていましたし、1年目にして10人の優秀な社員が私の下に集まってくれました。

しかし、**早くも問題が噴出《ふんしゅつ》**しました。

優秀なメンバーの一人が、私の意見にことごとく反発するようになったのです。

「社長、それは考え方がおかしい」

「そんなやり方では、うまくいかない」

彼もまた、元は大手の保険会社の優秀な営業マンです。

そして、年齢は私よりも7歳上。

自分なりの成功ノウハウも、プライドもあったのでしょう。私のいうことすべてに従うのが正しいわけではない、というのです。

しかし、こちらにも成功ノウハウ、プライドはあります。

外資系の大手生命保険会社で培《つちか》ってきたノウハウには自信を持っていましたし、また、経営者としてのプライドは捨てられません。

「どっちが正しい？」

毎日が言い争いの連続です。

その軋轢《あつれき》は、やがて会社全体にまで波及《はきゅう》しました。

ついには給与面の不満にまで、話は発展しました。

どんなに苦しい局面でも、決して給与の遅配《ちはい》はしない。誰もが納得してもらえるだけの額を支払っている、そんな自信があったにもかかわらず。

「こんなはずじゃなかった……」

「ひょっとしたら、独立なんてしないほうがよかったのかも……」

それが当時の正直な思いでした。

「名プレイヤー」が「名リーダー」になれるわけではない

私は、「プレイヤー」としてのノウハウや自信は、十分すぎるほど持っていたのですが、「リーダー」としてのノウハウや自信、心構えは、まったくといっていいほど持っていなかったのです。

「俺自身が営業のエキスパートだ。だから、優秀な社員さえ集めれば、みんな俺についてきてくれるだろう」

これは自信とはいえません。単なる「考えの甘さ」です。

〝名プレイヤー〟の集まりは、個性のぶつかり合い。それぞれに能力があるだけに、同じ方向を向けば最高のパフォーマンスを発揮《はっき》するであろう自信はありました。

しかし、**一歩間違えば、分裂**です。

これは保険業界に限ったことではありません。一人の人間が、さまざまな個性の集まりをまとめていくのは、至難の業《わざ》です。

自他ともに認める〝名プレイヤー〟だった私ですが、それだけでは〝名リーダー〟になることはできませんでした。

個人として成果を挙げることと、チームとして成果を挙げることは、別物です。

ベンチャーとしての私たちに当時必要だったのは、外資系保険会社のような「自分のことだけ考えろ」という方向性ではなく、「会社が成長していくために、自分は何ができるか?」という意思でした。

しかし、会社はバラバラに……。

そこには、リーダーとしての私個人が、そして「法人格」としての会社が持つべき「何か」が必要だったのです。

「レスキュー」のリーダーシップ

「とにかく成果を挙げろ」

「ビジネスは数字がすべてだ」

知らず識らずのうちに、私はそういったことのみに着目するリーダーになっていたのかもしれません。

これでは、社内が「プレイヤー対プレイヤー」の図式から逃れることはできないでしょう。

「どっちがプレイヤーとして正しいか、はっきりさせようじゃないか」

いってみれば、そんな争いだったのです。

「リーダー」に必要な資質や心構えは、プレイヤーとしての自分とはまた違ったものとして、身につけていなければならないものだったのです。

「リーダーシップとは何か……」

私は毎日それを考えるようになりました。

そして振り返ったのが、私が保険業界に入る前に経験したリーダーシップ、マネジメントの在り方です。

私は外資系大手保険会社に入社する以前は、大学を卒業し、地元の福岡で、営業とはまったく関係のない仕事に就《つ》いていました。

それは消防士。しかも、消防士の中でもとくにハードな状況下で仕事をする、特殊技術を身につけた「消防救助機動部隊」。通称〝ハイパーレスキュー〟です。

自分の小さな行動や判断の一つひとつすべてが、救助対象者、仲間のレスキュー隊員、そして自分自身の命を左右する。そんな過酷《かこく》な現場が、私の仕事場だったのです。

チームが協力し合って、火の中に飛び込んでいくのが仕事。いつ命を落としてもおかしくない毎日です。ですから、**隊長＝チームリーダーの指示は絶対**でした。

同時に、チームメンバーはリーダーに対して、**絶対的な信頼**を寄せていました。

信頼していない相手に、命など預けられないからです。リーダーを信頼できない、文句がある、ということはイコール、職場を去るということ、レスキューを辞めるということでした。

手本とし、尊敬し、忠誠《ちゅうせい》を寄せる。そんな相手が、レスキュー隊におけるリーダーだったのです。

「真逆」のリーダーシップ

24時間生活を共にし、まさにチームは、親兄弟のようなつき合いでした。温かく、仲がいい。反面、命に関わる仕事であるため、日々の生活には半端ではない緊張感もありました。

ある日、こんなことがありました。

交替制の炊事《すいじ》当番でのことです。

当番はその日の食事が終わると、電子炊飯器の内釜をきれいに洗って、次の日の当番に渡します。

ある日、まだ新米だった私が炊事当番となり、内釜を洗って次の当番である先輩に渡したところ……。

「トヨフク！ ちょっと来い」

その先輩に呼び出されました。

彼は内釜を持って炊事場から外に出ると、内釜を太陽に透《す》かしてこういいました。

「ほら、見てみろ。わずかに米のあとが残ってる！」

こまかい話だと思われるでしょうが、これはレスキュー隊にとって、重要なファクターなのです。

レスキュー隊員が災害現場でかぶるマスクを「面帯《めんたい》」といいますが、面帯には顔にぴったりフィットさせるように、ゴムがついています。そのゴムにもし髪の毛一本でも挟《はさ》まっていたら、ボンベから酸素を吸っていたとしても、火災現場で発生する一酸化炭素を吸い込んでしまい、気絶してしまうのです。

そんなミリ単位の不注意が命に関わる仕事……普段からこまかいことに気をかけるという習慣は、絶対に必要なのです。

リーダーとメンバーの関係、先輩と後輩の関係が、命に関わることになる。

メンバーの命はメンバー全員で守る。

それがレスキュー隊のやり方でした。

一方で、その後に勤めた外資系大手保険会社は、それとは真逆のリーダーシップでした。

私が保険会社に入社して一週間のころ、あるチームマネジャーから、こんなことをいわれました。

「半年間、結果を出せなかったら、どうなるかわかってるよね？」

「契約書をよく読んでおいてね」

……これが〝外資系のやり方か〟と思ったものです。

すべては自己責任。

本人の自己成長を促《うなが》すという効果はあるでしょうし、そのやり方が間違っているわけではないでしょう。

しかし、あまりにも消防とは違うそのスタンスには、かなり戸惑《とまど》ったものです。

リーダーシップ、マネジメントにもさまざまなかたちがある。

当たり前のことですが、それを深く実感しました。

そして、会社を起こして、こう強く思いました。

私が目指したいのは、レスキュー隊型のリーダーシップだったのだ、と。

私が影響を受けた、ジョン・C・マクスウェルのマネジメントは、じつはどちらかというと〝レスキュー隊型〟です。

外資系保険会社時代にマクスウェルの本を読んだ際、また中国、アメリカで彼の講義を受け、その後、彼と接するたびに、私は何か懐《なつ》かしい気持ちがよみがえってきたものです。

成果、数字のみに着目するのではなく、**人の「感情」を重視したリーダーシップ**。それがマクスウェル式リーダーシップなのです。

「ビジョン」で人を動かす

自分が変われば、チームが変わる

外資系大手保険会社の成果主義にどっぷりと浸《つ》かっていた私でしたから、ベンチャーとして「みんなで目標を達成する」ことが必要だと感じてはいても、何を、どうすればいいかはわかりませんでした。

そこで思い起こしたのが、ジョン・C・マクスウェルのリーダーシップです。

私はマクスウェルの本をあらためて読みあさり、また、それでは物足りずに、この本の冒頭でもお話ししたように、マクスウェルから直接学んでいます。

そして、彼のいう原理原則に従い、それを実際の現場用にカスタマイズしていきました。

「相手を動かしたいなら、まず自分から動く」

これがマクスウェルの大きな教えです。

自分が信頼されたいなら、相手を信頼しなければいけない。

自分の意見を聞いてほしいのなら、相手の意見を聞く耳を持たなければならない。

つまり、自分が変わり、行動しなければ、チームを変えることはできないわけです。

また彼は「リーダーシップの基盤《きばん》は〝信頼〟にある」ともいいます。

そして、リーダーが信頼を得るためには「リーダーが失敗を認めるかどうか」ともいいます。

リーダーの失敗には、部下は必ず気づく。だから、リーダーは失敗を素直に認めることで、信頼をただちに回復しなければならないというわけです。

会社を立ち上げた私がするべきことは、まずはチームがバラバラになりつつあるという失敗を認めることでした。

私はリーダーとしての自分の失敗、名プレイヤーだったころの立場からしかものを考えなかったことを反省し、それを素直に社員に話しました。

「自分は駆《か》け出しの経営者だ。でも、自分には夢がある。その夢を、みんなと一緒に実現させたいんだ！」

ある日社員を集め、私は恥をしのんでそういいました。

このことで、社内は徐々に一体感を取り戻していったのです。

リーダーに必要な3つのC

マクスウェルは、リーダーには「3つのC」が必要だといいます。

・Competence（能力）
・Connection（人脈）
・Character（人格）

この3つの要素によって、リーダーはチームメンバーから信頼される、というのです。

「能力」に関しては、プレイヤーとしてそれまでに培ってきた経験、知識がありました。しかし、リーダーとしてのマネジメント能力は、当時はまだまだ……。

「人脈」は、これまでの経験から多少の自信はありましたし、常に人脈を大事にしようという姿勢は、忘れたことがありませんでした。

問題は、「人格」をどう解釈《かいしゃく》するかということです。

もちろん私は、人を人とも思わないような性格でも、常識知らず、礼儀知らずの破《は》天荒《てんこう》な人間でもありません。

とはいえ、私は聖人君子《せいじんくんし》というわけでもない、普通のビジネスパーソンです。

マクスウェルがリーダーに人格を求める理由は、**「その人についていくことで、自分の能力は最大限に発揮されるだろう」と考えるからだ、**ということです。

ならば、私にもやり方はあります。

自分と一緒に仕事をすることで、きっといい未来が待っていると思ってもらう。

そのために私は、社員に大きな夢を語り、具体的な計画を語り、そして自らが必死になって営業に駆けずりまわりました。

「自分の夢を見せる」ことが、私なりの人格のアピールだったのです。

人格とは、自分を見せること

「俺は、こんな会社にしたい」

その思いを表明するため、私は勉強にも明け暮れました。

自己啓発をはじめとして、さまざまな本を読み、感銘《かんめい》を受けた本は積極的に社員に紹介しました。

いくつものセミナーに参加し、ときには社員を連れて行きもしました。

「相手を動かしたいなら、まず自分から動く」

というマクスウェルの教えを、徹底的に実践したのです。

こんな私の行動を「ウザい」と感じる社員もいたかもしれません。

しかし、私が人格を示す方法は、まずはこれしかなかったのです。

そして私は、私が集めたメンバーを信じました。

彼らなら、わかってくれるはずだと。

プレイヤー時代の私は、自分を大きく見せること、偉く見せることに力を入れてきました。

いいスーツを着て、高級な腕時計をつけ、わざわざ外車に乗ったりもしました。

しかし、それはすべて偽《いつわ》りの自分、演出された自分でした。


そんな偽りのリーダーを、誰が信用する？


マクスウェルの教えを受けた私は、とにかく「ありのままの自分」であることにつとめました。

たとえそれが相手に受け入れられなくても、自分がいいと思ったことをやっていこう。そして相手にも、自分の気づきや学びを知ってもらおう。そうすることが、私の人格づくりだったのです。

いま、私が社員から信頼を得ているかといえば……、

私は自信を持って「イエス」と答えます。

なぜなら、彼らが未来に対して希望を持って働いているのがよくわかるからです。

「この会社にいることで、自分の能力は最大限に発揮されるだろう」と感じているのが、よくわかるからです。

人が仕事をするにあたって、お金や労働条件は、もちろん重要な要素です。

しかし、それだけでは人は動かない、ということもまた事実です。

人を動かすもの。それは未来に対する希望、そして希望を感じるという気持ち、すなわち「感情」です。

リーダーは、このことを忘れてはなりません。

リーダーの「相手を動かす言葉」

「ほめる」ではなく「激励《げきれい》」する

「自分のことを信じ、励《はげ》ましてくれる相手とは、人は親しくなりたいもの」

それが人間の感情だと、マクスウェルはいいます。

リーダーと部下の関係も同様です。

マイナス的なことや欠点、弱点を指摘するのみのリーダーと、自分を常に励ましてくれるリーダー、どちらについて行ったほうが、未来にいいことがあると感じられるでしょうか?

もちろん、自分を励ましてくれるリーダーです。

マクスウェルは、「激励」することは、相手の心をつかむ=信頼を得るための効果的な方法だといいます。

近年、コーチングが流行した影響もあり、部下を「ほめる」というマネジメントをおこなっている上司も多いと聞きます。

「ほめることで、相手を伸ばす」

たしかにこれは間違いではないのでしょうが、**マクスウェルのいう「激励」と「ほめる」は、まったくの別ものです。**

「ほめる」とは、相手の良い点を指摘すること。そう、これも大切です。

それに対して「激励」は、いってみれば**「相手の将来に希望を持たせる」**ということです。

がんばればいいことがある。

あなたの将来は明るい。

そんな気持ちを伝えること。それが激励です。

つまり、相手に「成長してもらいたい」という要素があるものが、激励ということです。

ですから、たとえば相手にほめる点が見当たらなかったとしても、激励することはです。

可能なのです。

激励をシステムにしよう

激励は、リーダーの役割といえます。

会社の目標達成のためには、メンバーにモチベーションを高めて仕事をしてもらい、かつ、成長してもらわなければならないわけですから、これは当然のことといえるでしょう。

しかし、いざ「部下を激励しよう」といっても、いきなりでは、何をやっていいのかわかりません。

「みんながんばれ！」

それもまた激励ですが、何度も同じように「がんばれ」「がんばれ」では、言葉に重みもなくなり、いわれたほうとしても「またか……」と思うだけでしょう。

そこで、**激励を仕組み化して、ルールとして取り入れるのです。**

まず率先して激励の言葉を与えるのは、会社のトップ。私の会社でいえば、経営者である私です。

私の会社は、毎週月曜日の朝7時から8時に、社内研修をおこなっています。

テーマは自己啓発。

いわゆる「朝礼」とは別物です（朝礼はそれとは別に朝9時から。全国の各支社で、スカイプを通じてやっています）。

目的は「激励」のためです。

私がこれまでに学んできたさまざまな話、受講したセミナーのフィードバックを、この場でおこなうのです。

「月曜の朝7時とは、ずいぶん早くからやるんだな」

と思う人もいらっしゃるでしょう。

私は家を出るのは朝4時半過ぎです。冬などは、まだ真っ暗です。

この仕組みは、メンバーに早起きの習慣をつけることにもなります。

また、日曜の夜に夜更《よふ》かししないで、早く起きるということで、一週間をグッドスタートすることができるのです。

このルールを設《もう》けるということ自体、私なりの激励でもあるのです。

「がんばれば、将来は明るいよ」

「その助けになるような知識を共有しようよ」

それが私のメッセージであり、メンバー全員に持ってもらいたい気持ちです。

「激励担当者」を設ける

私の会社では、この社内研修以外にも、強力な激励の仕組みを設けています。

社員全員（全国の支社を含む）に、無料通話アプリの「LINE」で、毎日2通、激励のメッセージが届くようになっているのです。

この激励メッセージを書くのは、指名された社員2名。

この2名が休日を除いた全営業日である21日間、毎日毎日、全社員にメッセージを発信します。

そして、21日後には、新しい担当者を指名して交替、となります。

マクスウェルは「**物事は、やるならば徹底的に、毎日やること**」といっていますので、本当に毎日おこなっています。

担当者は、21日間毎日「人を励ます」ことをし、やがて人を励ますことを習慣とするようになる、というのが、私の狙《ねら》いでもあります。

内容は完全に自由です。


「今日もいい天気ですね。太陽の光にはセロトニンという物質が含まれていて、セロトニンは人を活発な気持ちにさせる効果があるようです。さあ、今日も活発にいきましょう！」

といった豆知識（？）的なものもあれば……、

「お疲れ様です。

ちょっと想像してみてください。あなたが砂漠を歩いていて、目的地まではまだ道が続きます。

右手にペットボトルを持っていますが、中の水は半分になっています。このとき、まだ半分あると思うか、ああもう半分しかないと思うか、どっちの人に可能性があると思うでしょうか。

よく目にする例かもしれません。考え方が変わると行動が変わる、行動が変わると結果が変わる。結果が変わると未来が変わる。物事のはじまりは自分自身です。今日もガンガンいきましょう！」


なんて、豆セミナー（？）的なものも……。

さらにこの仕組みのいいところは〝人に見られる〟ということで、激励を書く人は、ネガティブなことは決して書かないのです。

「つらいかもしれないけど」

「がまんしましょう」

などとはいわない。

メンバー全員がポジティブな気持ちになれて、「励まされたら、励まし返す」というサイクルができあがっているわけです。

この取り組みは、もちろんマクスウェルが説《と》く「(相手に)手を差し伸べて励ませ」ということが元になっています。

それに加えて、私自身のレスキュー隊時代の経験が大きく影響していると思っています。

消防士は、できない人がいたら、文字通りその人の手を引っ張って、引きずりあげなければいけない。

なぜなら、そうしなければその人は死ぬからです。

「君が必要なんだ！」と採用し、「できないなら、いらない」というリーダーシップとは真逆のものなのです。

「手を差し伸べる」ことを仕組みとしたのが、うちの会社の「激励のシステム」です。

「日本一の代理店まで、もう少しですね！　みんなでがんばっていきましょう！」

こんな言葉を送っているのが、経営者である私ではなく、一社員であるということが、うれしくて仕方がありません。

あなたの組織にも、「激励担当者」を設けてみてはいかがでしょうか。

人と組織が変わっていくのが、目に見えてわかるはずです。

リーダーの「聞く技術」

「頭の中をのぞく」作業

交渉術において、「相手の話を聞く」という行為は、こちらが何かを話す以上に重要とされています。

「交渉の神様」と呼ばれる、ペンシルベニア大学ウォートン・ビジネススクールのMBAコース講師・スチュアート・ダイアモンドは、「相手の頭の中をのぞく」ことこそが、交渉の現場での最重要事項だと語っています。

このことは、会社でのリーダーシップでも同じことがいえる、と私は思います。

マクスウェルの教えにも、

「立場が上の人間こそ、積極的に人の話を聞かなければならない」

というものがあります。

その理由は、

「現場から離れるほど、現場の〝情報〟が見えづらくなるから」

ということです。

「現場の情報」とは何か。

一番重要な情報とは、「メンバーの気持ち」です。

メンバー各人が、どのような問題意識を持ち、どのような目標を設定し、何を本当に欲しがっているのかを知る。

つまり、「頭の中をのぞく」必要があるのです。

そして、それを可能にする最も有効な手段が、「話を聞く」ということ。

リーダーは大きく構えていて、自分の話を聞かせるもの。

それでは、いつまでたっても、メンバーの気持ちを知ることはできません。

メンバーを道具や駒と考えない、真のリーダーシップを目指すマクスウェル式では、人の話を聞くことは、リーダーの大きな仕事の一つなのです。

「アイデンティティ」に着目する

実際問題として、大人数の会社では、リーダーがメンバー一人ひとりの話に耳を傾けることは、とても煩雑《はんざつ》な作業となるでしょう。

もちろん、直属のリーダーは常日頃からメンバーと接し、ちょっとした会話の中で相手の考えをうかがい知ることが必須ですが、いわゆる〝トップ〟にいるリーダーも、現場の人の声は聞く努力をすべきです。

「現場から離れるほど、現場の〝情報〟が見えづらくなる」

このマクスウェルの教えを、私はいつも意識するようにしています。

マクスウェルは「**人の話を聞くことをスケジュール化せよ**」と述べています。

そこで私は、月に一度の個人面談を常としています。

個人面談といえば、相手に根ほり葉ほり質問する、というイメージを持つ人もいるでしょう。

あるいは「こちらのいいたいことをじっくり聞かせる場」と解釈《かいしゃく》している人もいるかもしれません。

しかし、面談の目的は、あくまでも「相手の頭の中をのぞくこと」にあります。

自分（リーダー側）のいいたいことは、二の次三の次です。いや、まったく必要がない場合もあるでしょう。

私の個人面談は、実際には5分から10分で終わります。

なぜなら、事前にメンバーの「アイデンティティ」を把握《はあく》しておき、それを元に話を聞いているからです。

アイデンティティに関しては、このあと5章で詳しくお話しさせていただきますが、ここでは「**（メンバーにとって）もっとも大切な価値観**」と解釈してください。

同じ目標、同じ夢に向かっている仲間とはいえ、人は人それぞれです。

ある人は自身の「成長」を最も大切に考えているかもしれませんし、ある人は「情熱」を重視して仕事をしているかもしれない。またある人は「家庭」のために仕事をしている、ということもあるでしょう。

このように、人はそれぞれの価値観に従って仕事をしています。

アイデンティティについては、マクスウェルの作成したラインアップの中から、事前に自身のアイデンティティを選ばせる、ということをするだけで、それを知ることができます。

そのアイデンティティから、自分は離れたことをやっていないか？

今年は、どれだけアイデンティティを具現化できそうか？

そんなことを聞くだけですから、そう時間はかからないのです。

「傾聴《けいちょう》」せよ

マクスウェルは、リーダーは〝傾聴力〟を持つべきだといいます。

そして、「傾聴」と「聞くこと」には、大きな違いがあるともいっています。

「傾聴」とはすなわち、「相手の話を聞きたい」という気持ちを持つことです。

人は、自分に興味を持ってくれる人には、心を開こうとします。

逆に、自分という人間にまったく興味がなく、ただ単に〝事実〟や〝情報〟のみを知りたがる人には、信頼を寄せることなどないでしょう。

傾聴とは、

「あなたの〝心の声〟を聞かせてくれ」

と願うことだと、私は思います。

よく〝話し方〟のコツとして、

「自分の話したいことではなく、相手の聞きたいことを話しなさい」

というものがありますが、傾聴は、

「相手の話したいことに耳を傾ける」

ということだと思います。

そのためには、相手の話を聞く前に、

「この人の話したいことは何だろう」

ということを想像し、その話をしてもらえるよう、会話をコントロールするのです。

アイデンティティを知っておくというのは、まさにそのための手段なのです。

メンバーの「自尊心」を刺激しろ

会社をつくっているのは、誰か?

「人はみな、誰もが〝価値ある存在〟として扱われたがっている」

マクスウェルはそういいます。

〝認められたい〟と願う気持ち。すなわち「承認欲求《しょうにんよっきゅう》」は、人間の持つ欲求の中でも、大きなものです。

相手を「価値ある人」として認めれば、相手はモチベーションを高め、自信を持ち、パフォーマンスを上げてくれるでしょう。

ビジネスでのリーダーシップでいえば、「あなたは、この会社にとって価値のある人材なんだよ」「あなたが必要なんだよ」ということをわからせる、ということです。

もっといえば、「あなたが、この会社をつくっている」という自覚を持ってもらうことです。

そのリーダーの認知が、メンバーの「自尊心」を刺激します。

自尊心というと、なんだか「見栄」や「中身のないプライド」のようなマイナスイメージを感じる人もいるでしょうが、自尊心は、人を成長させ、他人との信頼関係をもつくり出す、人間の大切な感情なのです。

わかりやすい部分に注目

自尊心を刺激するには、まず、本当に結果を出している部分……たとえば数字で出ていたりする部分は、しっかり認めるということです。

保険代理店は、いろいろな保険会社の保険を扱っています。メンバーによっては、その中である特定の保険会社の保険だけはよく売れる、ということもあるのです。そんな場合は、仮に全体的な契約数が他のメンバーと比べて少なかったとしても「○○社に強いね」と、その部分を拾い上げ、称賛《しょうさん》することです。

また、事務や経理などのいわゆる「間接部門」は、実績を数字で残すケースが少ないものです。

しかし、同じ目標に向かっていく仲間である以上、彼ら彼女らの自尊心も、しっかり刺激してあげなければなりません。実際に、彼ら彼女らががんばって仕事に取り組まなければ、会社は成長しないのです。

間接部門の自尊心を刺激する際、私は、会社に出入りするお客様、外部スタッフの声をフィードバックするようにしています。

保険代理店には、当然各保険会社の担当者が頻繁《ひんぱん》に出入りをします。その人たちがメンバーをほめたとしたら、それをそのまま、本人に伝えるのです。

「○○さんが、『××さんの対応がすごくよかったんで、助かりましたよ』といっていたよ」

ます。

「俺、うれしかったよ」

恥ずかしくて、自然に伝えることができないときは、あえて外出先から電話で伝えます。

スタープレイヤーだけをもてはやし、彼らの成果をことさら評価する。これが外資系大手保険会社のやり方でした。

もちろんそのやり方もあるのでしょうが、私たちベンチャーは、会社が一丸となることを強みにしなければならない。

だからスタープレイヤー以外の人、一人ひとりについても、自尊心を尊重しなければならないのです。

私はかつて、スタープレイヤーの立場にいさせてもらえたので、本当にチヤホヤされたものです。

そして私は「勘違い野郎」になっていました。

「俺がいうんだから、やっておけよ」

いま思うと恥ずかしくて仕方がないのですが、そんなふうに間接部門と接していたと思います。

「会社をつくっているのは、社員一人ひとりの存在だ」

会社を起こして、トップリーダーの立場となり、そしてマクスウェルの教えを受けたことで、それを強く実感しています。

第2章

「カリスマ」と呼ばれる人の秘密

カリスマは、つくれる

カリスマは生まれ持った資質ではない

「カリスマ経営者」

といわれる人がいます。

すべての社員に影響を与える人格者。

誰もが「ついて行きたい」と思えるリーダーシップ。

〝カリスマ〟という言葉には、どこか神秘的な響きも感じられるはずです。

カリスマについて、マクスウェルはこう言及《げんきゅう》しています。

「〝カリスマ〟とは、人を引きつける能力」

「それは開発できるものである」

カリスマ性とは、持って生まれた資質や性格のことだと思われがちです。

ですが、簡単にいってしまえば、それは、

「人を引きつける力」

のことです。

つまり、その力は誰でも磨くことができるというわけです。

このマクスウェルの教えは、私に強い勇気を与えてくれました。

「自分が人を率いていくことなんてできるのだろうか……」

会社を起こしたころの私は、メンバーとのトラブルもあり、リーダーとしての自分のふがいなさを感じていたものです。

「ひょっとして、自分はリーダーに向いていないんじゃないか」

「やはり、カリスマ性がなければ、人はついてこないのではないか」

そんなことを考えもしました。

しかし、マクスウェルによれば、**カリスマ性とは、いわば「後づけ」でも大丈夫と**

いうことです。

努力と心がけ次第で、誰でもカリスマ性は身につけられる。

いまの私にカリスマ性があるか。

それは自分自身ではよくわかりません。

しかし、人を引きつける、ビジネスでいえば、リーダーとしてメンバーについてきてもらうための努力は、正直、惜《お》しんだことはありません。

自分の人生を愛する、ということ

「人は、不平不満ばかりを口にする人ではなく、人生を前向きに楽しんでいる人と一緒に過ごしたいと考えているはずである」

マクスウェルから教わった言葉です。

ビジネスにおいては、さまざまな障壁《しょうへき》が目の前に立ちはだかります。

経営者ともなれば、その気苦労は、半端ではありません。

しかし、そこで愚痴《ぐち》ばかりこぼしていたら、それを聞いているメンバーはどう思うでしょう？

「今月も大変だなあ」

「あのお客様は、なかなか難しい」

マイナスな感情は社内に伝染し、誰もがマイナスな思考で仕事をする「マイナスのチーム」をつくってしまうことになります。

何よりも、頼るべきリーダーの口から出る言葉が、愚痴や不満ばかりでは、メンバーもたまったものではないでしょう。

リーダーとて人間です。

愚痴や不満をいいたいこともあるでしょう。どうしてもマイナス思考になってしまうこともあるはずです（もちろん私もそうです）。

しかし、メンバーの前では、決してそのようなマイナスな話はしない。私はそう決めました。

ちょっと悟《さと》ったようないい方をすれば、**「自分の人生を愛する」**ことを意識しはじめたのです。

「人は、人生を愛しているリーダーを好む」

これもマクスウェルの言葉です。

私は、同じ目標を持つ、多くの仲間に囲まれている。

私には夢がある。

それを叶えるために、多くの仲間が協力してくれている。

振り返ってみれば、この現状は素晴らしいことです。

また、人生とは、ビジネス面だけではありません。

プライベートにおいても、大切な家族に囲まれて、素晴らしい時間を与えてもらっている。

このように、自分の人生すべてを「素敵なものだ」と捉《とら》え、愛することで、愚痴や不満は、心の奥に引っ込んでいく。私はそう考えます。

他人の人生も愛する

自分の人生を愛するというのは、いま述べたとおりです。

そして、それと同時に、他人の人生も認め、愛することが、人を引きつける秘訣だと思っています。

「すべてのチームメンバーに10点満点をつけてごらん」

ある日、マクスウェルにそういわれました。

このことによって、相手は自分の潜在能力に目を向けることになり、より高いパフォーマンスを発揮するというのです。

つまり、前章でお話しした「激励」です。

10点満点をつけるとは、具体的に何を、どうするというものではありません。

リーダーの心の中で、チームのメンバー一人ひとりを「一人前」と認める、ということです。

もちろんチーム内には、仕事が未熟な新人や、まだまだ本領を発揮していないメンバーもいるでしょう。

しかし、現状はどうあれ、どんな人にも、
「期待するに値《あたい》する能力がある」
ということを、リーダーは思い知らなければなりません。

「カリスマ性のある人とは、人をいい気分にさせることに気を遣《つか》う人」なのです。

では、人が〝いい気分〟になるのは、どんなときでしょう？

それは、
「人から認められたとき」
「人から興味を持たれたとき」
だと思います。

ですから私は、社員を認め、その将来に期待することを徹底しているのです。

自分の知識は、メンバーの知識だ

「人の上に立つ人間は、自分の智慧《ちえ》や資源、機会を分かち合う」

このマクスウェルの教えにより、私は社内で頻繁に研修をおこなっています。

私が読んだ本、受講したセミナー、出会った人から受けた影響を、週1回の勉強会でメンバーにフィードバックするのです。

「自分を分かち合う」

この発想は、外資系保険会社に勤めていたころには、まったく思いもつかないものでした。

「自分は自分、他人は他人」

「自分の数字以外は興味ない」

「自分の知識を人に分け与えるなんて、自分の首をしめるだけ」

それが、外資系の成果主義です。

しかし、それでは人はついてきません。

「自分のものは、メンバーのもの」

そう思ってメンバーに期待することが、ひいてはリーダーのカリスマ性を磨いていくのでしょう。

カリスマ性はどうすれば身につくか

品性にこだわる

マクスウェルの教えは、常に「相手がどう思うか」に焦点《しょうてん》を当てています。

たとえばリーダーが自分自身を高めるのも、相手にとって「ついて行きたい」と思えるような人物になるための手段です。

その考えの延長から、私は自分自身の「品性」も、常に気にするようにしています。

これは別に大げさな話ではなく、メンバーから**「こんなださいリーダー、嫌だな」**と思われないようにする、ということです。

たとえば身なり。

スーツは質のいいものを着ているか？

シャツはいつもきれいか？

ネクタイにシミなどついていないか？

これは営業マンのころから気にしていたことではありますが、そんな最低限の身なりへの気配りが、まわりの人の、自分への印象に大きく影響するのです。

また、持ち物にも気を遣います。

大切な契約の際に、契約先の営業マンが、ぼろぼろのビニール傘を持って現れたら……何となく嫌な気持ち、不安な気持ちになるでしょう。

さらに、言葉遣いや生活習慣も重要です。

汚い言葉遣いの親の下では、子どもも汚い言葉遣いになる。

それと同じように、リーダーの言葉遣いが悪ければ、メンバーの言葉遣いも悪くなるのです。

カップラーメンばかり食べている経営者を見たら、どう思うでしょう？

「この人について行こう」

とは、思わないはずです。

だから、品性にこだわらなければならないのです。

「人間は見た目じゃない！　中身だ！」

「カップラーメンを食べて、何が悪い？」

そう思う人もいらっしゃるかもしれません。

ここで誤解していただきたくないのは、これらの「品性」は、あくまでも自分ではなく、**相手＝メンバーのためのもの**だということです。

メンバーにとって、ついて行きたいと思えるリーダーであること。そのための努力として、品性にこだわるということなのです。

リーダーの成長のために

「ついて行きたい」と思われる人であるためには、リーダーは常に自分の価値を高めなければなりません。

つまり、自己成長を意識する、ということ。

リーダー自身が成長することが、チーム全体の成長にもつながるといいます。

①　自分を成長させるために、いま何をしているか？
（日々、習慣として自分に何を課しているか？）
②　まわりの人を成長させるために何を意識して行動しているか？

マクスウェルは、この2つの質問を常に自分にせよ、といいます。

「自分が持っていないものは、人に与えることができない」

一見当たり前のことのような言葉ですが、このマクスウェルの言葉は、私に強烈なインパクトを与えました。

「豊福さんは、よくいろんなセミナーで勉強しているね」

そういっていただけることがよくあります。

そう、それもこれも、自分が成長する（知識を得る）ことで、会社を成長させようとする、リーダーとしての私の、大切な仕事なわけです。

「みなさんが率《ひき》いている組織は、自分自身以上の高いレベルに上がることは絶対にない」

これは、セミナーでマクスウェル自身が話していたことです。

「他の人に何かを教えたいなら、まず自分自身が学ばなくてはならない」
「まわりを成長させたいなら、自分自身が成長しなくてはならない」
「人の人生に変化を起こしたいなら、自分自身の人生を変えなくてはならない」

彼の言葉によって、リーダーとなった私も、自分自身の人生を変えるために、さまざまな勉強に精を出すようになったのです。

マクスウェルの「成長法」

成長のための外的要因

リーダーの自己成長のためには、具体的にどのようなことを勉強すればいいのか。

ここでマクスウェルのいう「成長するための外的要因」をご紹介しましょう。

その要因のひとつとなるのが「**本とオーディオCD**」です。

本を読むことは、人の成長にとても効果的です。さらにマクスウェルは、成功のカギとして、「自分の得意なことを、計画的に学ぶべきだ」といっています。

つまり、ジャンルを絞って、集中的に読む、ということです。

意図的に、「自分が何を学ぶべきか」を自分で選び出すこと。「何でもかんでも」吸収することはできない、ということです。

「リーダーシップ」

「考え方」（成功している人と、そうでない人の考え方の違い）
「人間関係」（どのように関係を築くか、どうつながるか）
「人を育てるスキル」（チームや人を成長させる方法）
「成功法則」

これらが、マクスウェルがよく学んでいるジャンルだということで、私自身もそれに倣《なら》って、これらのジャンルの本を積極的に読んでいます。

オーディオCDも効果的です。

車社会のアメリカでは、オーディオCDは運転中に聞くものとして一般的ですが、日本でも優れたCDは数多く出されており、私も愛聴《あいちょう》しています。

また、**さまざまな「体験」や「人との出会い」**も、人を成長させるといいます。

そこで私は、さまざまなイベント、セミナーに積極的に顔を出すようにしています。

そして、そこで得た体験は、必ず社内研修でメンバーにフィードバックしているのです。

「昨日のセミナーは、こんなことが面白かった」「この間、こんな人と出会った」

世間話のようですが、これはうちの会社にとって、重要な「学びの場」なのです。

成長のための内的要因

「**書くこと**」「**自分を振り返ること**」「**行動を起こすこと**」も、自分の成長のためには欠かせないことだといいます。

「書く」とは、何について成長したいかを紙に書き出す、ということ。

つまり、「目的意識を強く持つ」ということです。

漠然《ばくぜん》とした態度では、学んだことも身に付きません。

たとえば本を読む前、セミナーを受ける前に、「自分はこれから何を学ぼうとしているのか」を、紙に書いておく。それだけで、集中力は大きくアップするものなのです。

またマクスウェルは、自分のことを考え、瞑想《めいそう》する時間、つまり「自分を振り返る時間」を、毎日必ず設けているといいます。

アメリカではよく「経験・体験そのものが、自分の最高の先生となる」といわれるそうですが、マクスウェルは「そうは思わない」といいます。

「評価された経験、振り返った経験」こそが、最高の先生になる。

それがマクスウェルの見解です。

経験をたくさん積んだだけでは、成長はできない、ということです。経験から学ぶためには、その経験を振り返り、何が自分の教訓となるのか見つけ出す必要がある。

自分を振り返ることは、「軸のブレない人」になるためにも重要なことです。

自分の価値観はどこにあるのか？　物事の優先順位は？

そういったことを、常に明確にしていること。それが「軸がブレていない」ということです。

ですから、「振り返りの時間」は必ず必要です。

私も夜寝る前には、必ず一日の振り返りをすることを習慣としています。

「行動すること」の重要性は、誰もが感じているでしょう。

「私がいま話していることも、行動に結びつけないと、意味がないですよ」

マクスウェルはセミナーの最中に、そういいました。

また、「言葉」と「行動」を首尾一貫《しゅびいっかん》させないリーダーは、メンバーからの信頼を得られない、ともいいます。

要するに「いっていることと、やっていることが違う」。こんな人には「ついて行こう」などとは思わない。これは当たり前のことです。

「人」

「信念」

「達成目標」

この3つが、言葉と行動に一貫性を持たせるための重要なポイントです。

相手（人）によって言葉や行動をコロコロ変えるような人は、誰からも信頼されない。リーダーが強い信念を持っていないと、メンバーはどうしていいかわからない。さらに信念を具体化させた目標を掲げていないと、人は動かない。

カリスマリーダーは、この3つの要素を常に心得ているのです。

希望を与える人

希望とはビジョンのこと

「カリスマリーダーの下では、メンバーはより前向きな気持ちになれる」

「過去に成功してきたリーダーたちも、人々に希望を与えてきた」

マクスウェルは常にいっています。

では、メンバーに希望を与えるためには、どうすればいいか？

私は、メンバーに自分のビジョンを見せることが、希望を与えることだと解釈しています。


これから先、チーム（会社）としてどうなりたいのか？

どこへ行こうとしているのか？

その道筋は？

達成の可能性は?

そういったことを、リーダーである私が内に秘めているだけでなく、明確なビジョンとしてメンバーに示すことで、彼ら彼女らは「向かうべきゴール」に向けて、さまざまな取り組みをしてくれるのです。

ワクワクするビジョンを見せられるか?

「人は、大きな夢についていく」

これはマクスウェルが語る人間の法則です。

この教えを元に、私も、採用面接の際、応募者にこんなことをいうようにしています。

「あなたのビジョンが私たちのビジョンよりも大きいものだったとしたら、他の会社に勧めたほうがいい」

「私たちのビジョンは、私たちだけでは達成できないものだ。だから一緒にやってほしいんだ」

ここではこまかく紹介はしませんが、「全国制覇」「海外進出」が、私たちのビジョンです。

それを、こまかい設定目標や事業計画を交え、相手に説明しているのです。

たとえば5年後、会社はどうなっているか。それを計画として伝えます。

相手は、5年後の自分を想像することができる。つまり、未来の自分に希望が持てるのです。

もちろん、採用においては、金銭関係をはじめとした各種条件面も、重要なファクターとなります。

しかし、それよりも大事なことは、

「この会社に入って、このリーダーについていくことで、自分の未来は明るいものになるのか？」

「この会社で、自分は成長できるのか？」
ということでしょう。

つまり、自分たちのビジョンに、共鳴《きょうめい》してもらいたいのです。

相手にビジョンを理解させ、ワクワクさせること。

これは採用の際のみならず、リーダーがメンバーに対して、常に働きかけなければならないことでしょう。

ビジョンはわかりやすく見せろ

相手にビジョンを語る際には、できる限りわかりやすく伝えないと、効果はありません。

ただ用意しただけ。そんなお飾りのようなビジョンはまったくの無駄であり、やがて誰も意識しなくなるでしょう。

しかし、目標達成の根拠《こんきょ》となる計画を常にことこまかく語るのは、忙しいビジネスの現場では、案外難しいものです。

そこで、ビジョンを図で示すことをおすすめします。

たとえばその図は、概念図のようなものでも、目標達成までの各ステップが示されたチャート図でも何でもいいのです。

目標とする数字（数値目標）を強調して書くのもいいでしょう。

要は、相手に未来をイメージしてもらえるようにする、ということです。

図で示すことにより、ビジョンは明確化する。

逆にいえば、いくらリーダーがビジョンについて熱弁をふるっても、イメージをつかめなければ、メンバーはビジョンに共鳴しようがない、ということです。

メンバーに希望を与える。その際にも、さまざまな工夫を考えましょう。

カリスマを阻害《そがい》するもの

カリスマになるために捨てるべきもの

カリスマ性を発揮するにあたって「邪魔なもの」があります。
マクスウェルは、それを次の5つのものとしています。

①**「プライド」**
②**「不安」**
③**「不機嫌さ」**
④**「完璧主義」**
⑤**「嘆《なげ》き」**

「プライド」とは要するに、優越感のことです。
リーダーという地位にいることに優越感を抱き「自分はまわりの人間よりも上の人

間だ」と思っているリーダーには、人はついていかないでしょう。

「不安」を抱えたリーダーは、人を不安にさせます。

また、成長のための大胆な発想や行動ができず、凡庸《ぼんよう》でいようとする。

そんなリーダーの下では、人は希望を感じることができません。

「不機嫌さ」は、人との距離をつくってしまうものです。つまり、「とっつきづらさ」です。いつも不機嫌なリーダーはメンバーから敬遠され、コミュニケーションも不足する。その結果、信頼も得られなくなるのです。

「完璧主義」のリーダーは、自分自身のことさえ容易に認めようとしないでしょう。もちろん他人のことも認めません。認められないことがどれほどメンバーのモチベーションを阻害するかは、もうおわかりでしょう。

「嘆き」とは、マイナス思考のことです。

物事のマイナス面にだけ目を向けてしまう。すべてに否定的で、すべて後ろ向き。

そんな人には、「人として」近づきたくないと思うのが、自然の感情です。

これらの要素が、せっかくの「カリスマ磨き」の邪魔をするのです。

自分自身を振り返って、邪魔なものは捨ててしまいましょう。

「誰のための」カリスマか？

繰り返しになりますが、マクスウェルのリーダーシップの教えは、常に「相手」にフォーカスしたものです。

そして、カリスマ性の本質も「人をいい気分にさせることに気を遣う」ことだといいます。

「カリスマと呼ばれたい」

「カリスマ性を身に付けたい」

そう考える人は、それが**「何のためか？」をしっかり認識しなければなりません。**

そう、それはズバリ「メンバーのため」です。

もっとクールにいってしまえば、「チームの目標達成のため」です。

逆にいえば、メンバーのためにならないカリスマ性、目標達成に関心のないカリスマ性など、必要ない、ということです。

「カリスマは、自分のためになるものではない」

ということを、強く意識しましょう。

第3章

人を動かす影響力をつける

#「自信」が影響力になる

影響力のある人の資質とは?

「メンバーのモチベーションを高め、人を巻き込んでいくために必要な資質。それは『自信』である」

マクスウェルは、常々そう語っています。

「この人についていけば大丈夫、きっと明るい未来が待っている」

そう他人に思わせるためには、**リーダーに「自信」が備《そな》わっていなければなりません。**

どんなに素晴らしい能力を持っていても、どんなに豊富な経験を積んでいても、それらが自信に結びついていなければ、人に影響を与えることは難しい、というわけです。

逆にいえば、自分に自信を持っている人は、人に影響を与えられるということ。

「集団の中で、誰が影響力のある人か。それは初対面であってもすぐにわかる」

マクスウェルはそういいます。

ちょっと想像してみてください。

「ウチの会社、これからうまくいくかどうかはわからないけどさ」

と、常々こぼしているリーダー……。

こんな人からは、いい影響を受けるとは思えません。

リーダーの自信のなさは、メンバーを不安にするだけです。

私のレスキュー隊時代も、リーダーと呼ばれる人は、常に自信に満ちあふれていました。

レスキュー隊のリーダーが、確固たる自信を持っていなかったら……それはちょっと恐ろしいことでもありますよね。

つまり、メンバーの〝士気〟にも関わるわけです。

自信とは、影響力のバロメーターといってもいいでしょう。

ビジョンなき自信は、単なる過信

ただし、リーダーの自信には〝根拠〟が必要です。

「自信がある」

そういうだけなら、簡単な話です。

その自信が、どこから来ているのか、そして、その自信によって、メンバーはどこへ行こうとしているのか、それをリーダーが示さなければならないのです。

そう、**自信とともに必要なものは、「ビジョン」です。**

明確なビジョンがあり、そのビジョンを実現させるという「自信」がある。

そこで初めて、メンバーはリーダーに「ついていこう」と思うわけです。

「自信」と「ビジョン」。これらは2つでワンセットとなって、人に影響を与えると、私は考えています。

どちらが欠けていても、それは「いうだけ」ということになってしまうのです。

前章で、明確なビジョンを持つことの重要さについてお話しさせていただきましたが、じつは、ビジョンだけがあっても、人に影響を与えることはできないのです。

そこにリーダーの自信＝根拠が伴《ともな》って、初めてメンバーが動く仕組みとなります。

マクスウェルは、大きな自信を手に入れるために必要なことは、「自分の存在を肯定すること」だと語っています。

どんなに問題が山積みになっていても、大きな壁にぶつかったとしても、自分を肯定すること。

「自分ならできる」

「自分には（問題解決、困難を乗り越える）力がある」

と、思うことです。

そこから自信が生まれるというのです。

私の解釈では、〝自分の存在〟とは、〝自分のビジョン〟とイコールのものです。

ビジョンは、ある意味、チームの分身です。

どんなに大きな夢でも、そのビジョンは実現可能である。

このビジョンは、必ず世の中の役に立つ。

このビジョンは、自分たちを成長させる。

ある意味、「夢想《むそう》」と思われるかもしれません。

しかし、ビジョンを心から肯定できると思ったとき、それは夢想ではなく「計画」となります。

もし、リーダーに明確なビジョンがあるのならば、次はそのビジョンを心の底から肯定する。それが組織全体の自信へとつながるのでしょう。

自信を獲得するためには「人」が必要

私自身、会社を起こした際には、リーダーとしての自信に満ちあふれていたわけではありません。

思えば、その〝自信のなさ〟が、メンバーの不安を煽《あお》り、第1章でお話ししたような、メンバーとの軋轢を生んだのかもしれません。

また、何か新しい計画を立てたとしても、「ひょっとしたら、できないんじゃないか?」という思いは、いつまでもつきまといます。

そんなとき、私に、そして会社のビジョンに自信を与えてくれるのは、他ならぬメンバーたちです。

自分が励まし、そして励まし返してくれるメンバーがいるからこそ、自信は大きなものとなっていきます。

また、信用できる仲間に相談して、時間をかけて自信を培っていくということもあります。信用できる仲間とは、自分が抱えているメンバーだけとは限りません。**かつての先輩、社外の仕事仲間、自分のまわりを見渡せば、自分に自信を与えてくれる人は、大勢いるはずです。**

いずれにせよ、自信を得るためには、自分以外の「人」を重視するべきだ、というのが、私の考えです。

もちろん、自分自身を肯定し、信頼することは必要です。

「自分を信頼するリーダーは、他者を信じることができる」

「なぜなら、人は自分を見るように、他者を見るからだ」

そうして信頼した仲間からさらに自信をもらい、自信を身につけた自分がまた他者に影響を与える。

これがマクスウェル式の「自信獲得のスパイラル」であると、私は考えています。

#「人とのつながり」が影響力を増す

「人とつながる」とは？

「〝リーダーシップ〟とは、〝人とつながること〟とまったく一緒だ」

「（メンバーと）一緒にゴールラインを超えること。そこに意味がある」

マクスウェルのいう「人とつながること」とは、相手との共感を生み、相手の心を理解することです。

人とつながることによって、相手に対する影響力は倍増するのです。

そしてマクスウェル自身も、人とつながることを常に考えている、といいます。

たとえば本を書くとき、「どうすれば（どんな言葉を使えば）読者とつながれるか」、セミナーを開催する際も、「どうすれば受講者とつながれるか」を考えます。

リーダーも同じです。

「どうすれば、メンバーとつながることができるのか」

リーダーは、このことを考えていなければなりません。

つまり、メンバーとの間に共感を生み、メンバーの心を理解するには、どうしたらいいかを考えるのです。もちろん、メンバー一人ひとりとじっくり話し合い、時間をかけて親しくなれれば、共感も生まれ、相手の心を理解することもできるでしょう。

しかし、現実的にビジネスの現場では、そんな時間はないものです。

ですから、さまざまな工夫、〝人とつながる仕組みづくり〟が必要となるのです。

人とつながる「仕組み」をつくる

第1章でご紹介した、私の会社の「激励の仕組み」、LINEを通じて担当者から励ましの言葉が毎日届くというものも、人とつながるための仕組みになっています。

リーダー、メンバーの分け隔《へだ》てなく、毎日仲間から励まされるのですから、そこには共感、一体感が自然と生まれてくるのです。

マクスウェルは、

「素晴らしいリーダーは、他の人の人生の価値を高める」

といっています。

また、リーダーは自分に対して常に次の質問をしていなければならない、ともいっています。

「自分が率いている人々の人生において、価値を高めることができているだろうか？」

「彼らは成長できているだろうか？」

まさに、この本の冒頭でご紹介した、マクスウェルがオバマ大統領にした質問と同じ内容のものです。さらに、

「率いられている人々は、あなたがリードすることで、きちんとメリットを享受《きょうじゅ》できているだろうか？」

「本当に〝人のため〟になっているだろうか？」

「他の人たちの〝人生の価値〟は、高まっているだろうか？」

「彼らを助けることが、できているだろうか？」

と、自分に質問せよ、といいます。

「自分（リーダー）がいなければいけなかった場所に到達させてくれる。それがリーダーの存在意義である」

「常に、相手を中心にしなければならない」

それがマクスウェルのいう「人とのつながり方」なのです。

手前味噌《てまえみそ》ですが、私の会社の「激励の仕組み」は、担当者に人とのつながりを考えさせることにも役立っています。

「この言葉を送ることが、みんなの役に立つだろうか？」

「この言葉で、みんなの〝人生の価値〟は高まるだろうか？」

そういったことを、担当者は毎回考えるのです。

担当者が励ましの言葉を送るとき、彼ら彼女らは、リーダーが忘れてはならないマインドを持つことになります。

そう、「常に相手を考える」という基盤が、社内全体にできあがるわけです。

人とつながるためのプラクティス

マクスウェルは、人とのつながりをつくるために、次の5つのプラクティス（実践法）を提示しています。

①相手と自分の〝共通の基盤〟をつくる
②コミュニケーションをシンプルにする
③楽しめる経験、体験をつくる
④インスピレーションを与える
⑤「言葉」と「行動」を一致させる

「相手と自分の〝共通の基盤〟をつくる」の「共通の基盤」とは、つまりお互いの共通点です。好きなことややりたいことが同じであれば、人は仲良くできる、というのは、自然な話でしょう。

私は、これを「会社のビジョン」と解釈しています。

お互い同じ夢を見て、その夢に向かっていく。これが会社における最大の「共通の基盤」です。ですから、ビジョンの明確化は重要なのです。

「コミュニケーションをシンプルにする」のは、相手を混乱させることによって興味を失わせることを避けるためです。

ここでいうコミュニケーションとは、主に会話の問題です。

「簡単なことを難しくいう」というのが、シンプルなコミュニケーションの真逆、相手を混乱させる会話です。

また、マクスウェルは、会話の際に次の4つを必ず心がけているといいます。

（1）自分の〝ハート〟（気持ち）をきっちり伝える

（2）ユーモア（笑い）を重要にする

（3）相手を「手助けしたい」という気持ちを持つ

（4）相手に「希望」を与える

これらを念頭に置き、つながりたい相手と会話をするというのです。「楽しめる経験、体験をつくる」とは、文字通り、共通の経験、体験を楽しいものと感じてもらうことです。

たとえば会社でのイベントに力を入れる、自分の経験を楽しくフィードバックする、共にした経験、体験はあとで必ず感想をいい合う……といったことでしょう。

「インスピレーションを与える」とは、すなわち「励まし」です。

相手を励まし、相手に10点満点を与えて将来を認めることの重要性は、第2章でお話ししたとおりです。

「『言葉』と『行動』を一致させる」……この首尾一貫性についても、前述のとおりです。「いっていることとやっていることが違う」人とは、人はつながりたいとは思わないでしょう。

こうして、人とのつながりの「土壌《どじょう》」をつくることも、リーダーの重要な役割なのです。

マイナスを持ち込む人間は排除《はいじょ》せよ

愚痴をこぼすメンバー

「自分のまわりには〝自信を与えてくれる人〟を置くべきである」

マイナス思考で、物事の悪い面にばかりフォーカスする人は、まわりの人をもマイナス思考にしてしまいます。

リーダーであるべき人が、そんなマイナス思考であってはならないのはいうまでもありませんが、集団の中には、マイナス思考の持ち主もいるものです。

よく聞くのは、

「景気が悪い」

「ウチの会社のやり方はダメだ」

「部長は能力がないんだよな」

そんなネガティブなことばかりを、まるで習慣のようにいっているメンバー。

どこの会社にもいるのではないでしょうか。

じつは、私の会社にも、愚痴をいうメンバーはいました。

そんな相手を、どうするべきか。

私の場合は、呼び出します。

ドラスティックなやり方のように思われるかもしれませんが、マクスウェルがいうように、自分のまわりには、自信を与えてくれる人を置くべきなのです。

もちろんこれはリーダーである私だけの問題ではありません。

「類は友を呼ぶ」ではありませんが、愚痴ばかりいうメンバーと接していたら、他のメンバーもまた、愚痴ばかりいうメンバーになってしまうのです。

リーダーとしては、この流れを見逃すことはできません。

ですから、呼び出してはっきりとこういいます。

「何か不満があるならば、はっきりとこの場で、教えてくれ」

これは恫喝《どうかつ》ではなく〝懇願《こんがん》〟といってもいいでしょう。

面と向かって不満をいってくれたのなら、その不満をその場で解消することもできるかもしれません。

それがマクスウェルのいう「手助け」のマインドです。愚痴をいうメンバーであっても、リーダーは相手の気持ちをわかろうとする努力をしなければならないのですから。

また、個人面談をおこなう際にも、私はメンバーに事前にこう伝えています。

「もし、会社に対して、または自分に対してネガティブな思いがあるのならば、面談の際にいってくれ」

「ただし、改善案は必ず用意してきてくれ」

それができないようであれば、そのメンバーは、他の会社、違うリーダーの下で働くほうが、幸せなのかもしれません。

厳しいかもしれませんが、それが組織のためでもあり、その人自身のためにもなるのです。

マイナス面など、大した比重ではない

マクスウェルのリーダーシップ論に触れていて、強く感じたことがあります。

それは、人間の頭の中におけるマイナス面、ネガティブな要素など、大した比重を占めていないのではないか、ということです。

マクスウェルの教えは常にポジティブです。

そのポジティブなものに習慣的に目を向けていると、マイナス面、ネガティブな要素は、頭の中に浮かんでこないのです。

私がマクスウェルの教えを受けることで得た最大の効果は、ここにあるのかもしれません。

これは私の実感なのですが、人の頭の中でのマイナス面、ネガティブ要素の占める

割合は、だいたい10%くらいなのではないでしょうか。

多くてもきっと、20%ぐらいだと思います。

そのたかだか10〜20%の要素にばかりに目が行ってしまう。すると、頭の中はその要素でいっぱいになってしまう。

これがいわゆる「マイナス思考」なのでしょう。

そうではなく、残りのプラス面、ポジティブな要素にこそ、フォーカスしなければならないのです。

メンバーにプラス面、ポジティブな要素にフォーカスする習慣をつけさせる。それはリーダーの役割です。

ですから、マイナス思考の持ち主を改善、あるいは排除する必要があるのです。

「成功体験」と「得意分野」が人の魅力をつくる

小さな成功体験を積み重ねる

「小さな成功体験を積み重ねることが、自信につながる」

これもマクスウェルがよく口にする言葉です。

自信は人に影響力を与える。ならば、チーム全体が自信にあふれたメンバーで構成されていれば、そのチームはお互いにいい影響を与え合うということです。

これが会社単位となれば、世間はその会社に対して、大きな魅力を感じることになるでしょう。

そう、自信はリーダーのみに有効な要素ではないのです。

では、効果的にメンバーに自信をつけさせるには、どうしたらいいでしょう。

その一つの方法が、マクスウェルのいう「小さな成功体験の積み重ね」です。

何かに成功し、達成感を味わい、それが自信へとつながる。これは理想的な流れといえます。

ですから私は、メンバーが何か成功を体験したならば、喜んでそれを称賛するようにしています。

たとえば保険の契約。それが少額のものであったとしても、営業マンにとっては立派な「成功体験」です。

「そんな成功に満足しているんじゃない！　目標はもっと上だろう！」

そういって叱咤激励《しったげきれい》するマネジメントもあるでしょうが、それはマクスウェル式とはいえません。

小さな成功体験を尊重し、「すごいじゃないか」「よくやった」と称賛する。

すると人は、「自分にもできる」ということを学ぶわけです。

そして新たな挑戦へと向かいます。

こうして成功体験が積み重なれば、やがてそれは大きな自信へと変貌《へんぼう》するわけです。

逆に「失敗体験」にばかりフォーカスしてしまったとしたら、どうでしょう。

部下のミスをことさら重要視する（もちろんそれが必要なケースもありますが）上司もよくいます。

部下の気持ちに残るのは、「失敗に対する恐怖」「後悔の念」「叱責《しっせき》した上司への恨み」、そんなネガティブ要素だけです。

そして部下は、失敗を恐れ、新しいチャレンジをしなくなります。自信を無くし、ただ大人しくしているだけの社員となってしまうのです。

これはリーダーの導くべき方向ではない、ということは、もうおわかりでしょう。

どんな小さな成功でも、まずはそこにフォーカスすることから、成功体験の積み重ねが始まるのです。

得意分野に集中してみよう

「自信を高めるには、自分と人を比べるのをやめる」「得意分野を見つけて、その分野のプロフェッショナルになる」

自信の高め方についてのマクスウェルの教えです。

どんな職種にも「こうあるべきだ」という姿があります。

とくに保険営業の世界では、「営業とはこうあるべきだ」「顧客対応はこうでなければならない」といった定説が、多く存在するものです。

しかし、人には人それぞれの個性や得意分野があるものです。

無理矢理まわりに合わせて、それでうまくいかず、自信を無くす……これはもったいないことです。

それよりも、**自分の得意分野を極める。**強い部分をより強くしていくことのほうが、より自信へとつながるのです。

たとえば私の会社には、Jリーグのサッカー協会出身という異色の営業マンがいます。

彼の得意分野といえば、もちろんサッカーです。

「保険営業がサッカーに詳しくても、何の得にもならないだろう」

と考えてしまっては、リーダーとして、メンバーに自信をもたらすことはできません。

たとえば彼が、よりサッカー界の事情などを勉強していけば、サッカーのコミュニティに入り込んだ際、そこで大きく営業成績を上げることもできるかもしれないわけです。

無理に得意分野を取り上げ、「こうあるべき」という型に押し込めようとするリーダーは、みすみすメンバーの可能性を潰しているということを、意識しなければなりません。

第4章

批判されたときの感情との向き合い方

批判されることは、成長していることの証

批判は「必ずされる」もの

物事がうまく進んでいくと、批判をする人も出てきます。私の場合もそうです。

私の会社は、保険以外にも不動産やセミナー事業、健康・教育事業など、さまざまな事業を展開しています。

「いろんなことに手を出して、最近調子に乗っているんじゃないか?」

大きなビジョンに向けて前進しているだけなのですが、その前進が〝気に入らない〟という人も、世の中にはいるものです。

また、批判は、社外からだけではありません。社内からも批判の声はあります。

「批判するならば、改善策をいってくれ」

前章でお話しした「愚痴をいうメンバー」への対応と同様、批判するメンバーに対しても、私はそういうようにしています。

マイナス面、ネガティブ要素ばかりに目を向けていても、何の解決にもならない。それどころか、次第にネガティブな思いばかりに囚《とら》われるようになってしまう。だから、ポジティブな「改善策」も同時に考えてほしいのです。

「どんなにがんばっていても、批判的な人間は必ず出てくる」

「だから、そのことを覚えておけば、余裕を持って批判を受けとめられるようになる」

マクスウェルもそういっています。

批判されたからといって、いちいちショックを受けていては、何もはじまりません。

批判されるということは、自分の活動が目立っているということ。

学びの機会として、プラスに捉えるようにしましょう。

「批判」に対するリーダーの仕事

「批判は避けることもできる。何もいわず何もせず、何者にもならなければいいのだ」

哲学者アリストテレスの言葉です。

つまり、批判されたくないのであれば、何もしなければいい、おとなしくしていなさい。人を率いていこうなどとは考えないほうがいい、ということです。

しかし、逆にいえばこれは「成長するな」「前進するな」といっているようなものです。「その他大勢」から抜け出せば、必ず妬《ねた》みが待っています。

人の上に立てば、必ず反対意見が出てきます。

それが嫌ならば、その他大勢から抜け出さなければいい。人の上に立とうなどと思わなければいい。しかし、ビジョンに向かって前進すると決めた以上、「出る杭《くい》」となるのは、もはや想定されたコースを進んでいるということでもあります。

リーダーはここで批判に対して、毅然《きぜん》とした態度で立ち向かわなければなりません。

批判のせいでリーダーが「自信」を失くしたとき、それはリーダーの影響力がなくなるとき、といってもいいでしょう。

批判をプラスに変えるポイント

マクスウェルの10の視点

マクスウェルは、批判に対して次の10の視点を持つことを提言しています。

①「いい批判」と「中傷《ちゅうしょう》」を見分ける
②深刻に受け止めすぎない
③尊敬する人の批判にはじっくり耳を傾ける
④感情的にならない
⑤志を確認
⑥「休む時間」を取る
⑦「一人の批判」を「全体の意見」と勘違いしない
⑧時が解決してくれることを待つ

⑨ **同じ土俵で戦わない**

⑩ **批判や失敗から学ぶ**

「いい批判」と「中傷」を見分けるためには、まず批判の内容と真剣に向き合い、客観的に分析する必要があります。その際のポイントは以下の3つ。

（1）相手が「どんな思い」で批判しているのか？

つまり、攻撃のための言葉か、建設的な意見か、ということです。

言葉に温かみが感じられるようであれば、建設的な意見と捉えていいでしょう。

（2）どんな状況での批判か？

いい批判＝建設的な意見は、本来マンツーマンでおこなわれるべきだといいます。衆人環視《しゅうじんかんし》の中での批判は、単に自分を貶《おとし》めるための手段かもしれません。

（3）批判の動機は何か？

真剣に意見しているのか、それとも単に愚痴をいっているだけなのかは、批判している人の態度を見ればわかります。単なる愚痴につき合う必要など、ありません。

「深刻に受けとめすぎない」ためには、まずは前述のように「批判は必ずあるもの」

ということを認識することです。

「人は誰でも失敗するもの」「完璧な人間なんていない」

そう思えれば、失敗を楽しむ余裕、批判に対する余裕さえ生まれてくるでしょう。

「尊敬する人の批判にはじっくり耳を傾ける」ことも、極めて重要です。

つまり、「誰が批判しているのか」ということに着目するのです。

単に批判好きな人、明らかに自分を妬んでいる人の批判は、聞くだけ時間の無駄ですが、自分が尊敬している人からの批判は、ほうっておくのはもったいないことです。

「感情的にならない」ことも必要です。

批判に対して感情的になって反発するということは、マイナス面、ネガティブ要素に対してフォーカスしてしまうということ。ますます自分を追い込むこととなります。

「志を確認」は、自信を取り戻す作業ともいえるでしょう。

「善を成そうとする人々は必ず批判にさらされる。逆に何の批判もないようなら、問題があると思ったほうがいい」。マクスウェルは明言しています。

つまり、自分に高い志があるから批判されるという事実を認識しろということです。

ですからここでも「批判されるのは当たり前」と捉えてみましょう。

「休む時間を取る」ことは、肉体的、精神的にとても大切なことです。疲れがたまってくると、それが行動や反応に現れ、考え方もおかしくなってきます。批判を冷静に受け止めるには、肉体的にも精神的にも、落ち着いた状態でなければなりません。心と体を休ませることは、大切な仕事の一環なのです。

「『一人の批判』を『全体の意見』と勘違いしない」ことも、冷静な判断の成せる業です。

「誰もが自分を批判している」。そんな思いに囚われ、悩んでしまうこともまた、マイナス面、ネガティブ要素にフォーカスした結果ということです。

もちろん、批判が全体の意見だという場合もあるでしょう。そんなときにも「批判は当たり前」の気持ちで、冷静に耳を傾けるのです。

「時が解決してくれることを待つ」のも、批判への対応の一手段だと心得ましょう。根拠のない、的外れな批判や、単なる妬み、やっかみは、あとになってそうだとわかる場合も多いものです。自分が正しいという自信があるときは、静観して、待つ。あとは時間が証明してくれるのです。

「同じ土俵で戦わない」とは、より高いレベルに自分を引き上げろ、ということです。そのためには、より高いレベルの人々と交流すること。

批判ばかりのグループから抜け出すことを考えましょう。

「批判や失敗から学ぶ」ためには、まず「自分は学ぼうとしている」という姿勢を自覚することです。

「人生で真に失敗と呼ぶべきものがあるとすれば、それはミスから何も学べなかったときである」

批判は学びの機会。

その貴重な機会を、マイナス面、ネガティブ要素とすることなく、ポジティブなチャンスと考えましょう。

批判する際に必要な注意

批判を口にする際の9のチェックポイント

自分が誰かを批判する、という機会もあるでしょう。

とくにリーダーともなれば、メンバーの働きのすべてを肯定しているだけではいられません。

間違った行動は指摘し、正しい方向へ導くのもリーダーの役割です。

ここで、マクスウェルのいう「批判の際の9つの注意点」をご紹介しましょう。

①　批判の目的は正当か

②　批判の主旨は明確か

③　相手のプライドを尊重しているか

④　他者と比べてはいないか

⑤ 解決策を示しているか

⑥ 人格を否定していないか

⑦ タイミングは正しいか

⑧ 自分ならできるのか

⑨ 励ましの言葉はあるか

相手を批判する際には、この9つのポイントをチェックしましょう。

「批判の目的は正当か」とは、相手を貶めることになってはいないか、ということです。

・個人的な利害がからんでいなくても、同じ批判をするか
・批判することで自分をよく見せようと思っていないか
・批判することで自分の心も痛むか

これらを確認します。

批判の目的、それは、ずばり「相手を助けること」。自分の言葉は、相手の助けになっているでしょうか？

「批判の主旨は明確か」を確認しなければ、言葉は相手に伝わりません。「結局、何がいいたいの？」といわれないように、批判の内容を整理し、相手に理解してもらえるように努めましょう。

主旨が明確でない批判は、単なる悪口と同じだと私は思います。

「相手のプライドを尊重しているか」も、リーダーが注意しなければならない点です。リーダーはメンバーの未来に期待していなければなりません。その気持ちを表明し、批判があくまでも一時的なもの、部分的なものであることを伝えましょう。

「今回の件では」「あの場合は」と、限定した言葉を使うのがコツです。

「他者と比べてはいないか」を確認しておくことで、相手を不快にせず、批判することができます。

人と比べられて喜ぶ人はいません。述べるべきは、「目の前の事実」のみ。余計な引き合いは、人間関係を壊すだけです。

「解決策を示しているか」は、私がメンバーに対してよくいうことです。

「マイナス面、ネガティブな要素を口にするなら、ポジティブな改善案を提示してくれ。さもないと、そちらにばかりフォーカスするようになってしまう」

これはリーダーがメンバーを批判する際も、まったく同様なわけです。

また、リーダーはメンバーに自信を与えることも仕事です。ですから「人格を否定していないか」は、常に気をつけなければなりません。

「お前はダメなヤツだな」

これが、人格否定の言葉の代表例です。

ダメなヤツなのではなく、間違った行動をした、ということ。

そして、批判すべきはその間違った行動です。

批判は、相手を助けるためのもの。「お前はダメなヤツだな」が、人を助ける言葉とはとても思えません。

「タイミングは正しいか」とは、問題に気づいたときにすぐに批判しているか、ということです。

「そういえばあのときは……」

と、思い出したように批判しても、相手はピンとこないでしょう。

話し合いのタイミング、批判のタイミングは、「速やかに」が鉄則です。

相手を批判する際に「自分ならできるのか」を確認することは、相手の立場に立つことにもつながります。

本当に相手が間違っているのかを知る意味でも、「自分ならどうしていただろう」「自分にはできていただろうか」を考えましょう。

ひょっとしたら、自分の考えのほうが間違っている、そんなこともあるかもしれません。

「最初にほめてから、いうべきことをいい、最後に励ましの言葉をかける」

マクスウェルはこれを「言葉のサンドイッチ」と呼び、批判の際の言葉かけとして推奨《すいしょう》しています。

繰り返しますが、批判の目的は「相手を助けること」です。

ですから、相手に受け入れてもらえる言葉を使わなければならないのです。

問題のあるメンバーをどう扱うか

配置転換、3つのポイント

すべてのメンバーが「できる人」「自分を理解してくれる人」であれば、リーダーは最高に幸せでしょう。

しかし、現実的にはそれはとても難しいことです。

仕事ができない。

仕事をやらない。

愚痴ばかりいう。

お客様に迷惑ばかりかけている。

そんな問題のあるメンバーは、どうしても出現します。

マクスウェルは、そんなメンバーの配置転換や降格、事実上の戦力外通告に際して、次の3つのポイントを考慮《こうりょ》せよ、といいます。

① 本人の力不足

② まわりの評価

③ 配置転換や降格の理由

本人の能力が組織の求めるものに到達する見込みがなければ、あるいは本人に能力をアップさせる意志がなければ、残念ながら配置転換や降格を考えなければなりません。

また、相手への評価がリーダーの主観のみという場合もあります。まわりの評価も考慮して、客観的に判断を下さなければなりません。

さらに、配置転換、降格の理由を明確にしておかなければ、チーム全体への「しめし」がつかないでしょう。

「信用できない社員が一人いるだけで、組織全体に悪影響が出る」

このマクスウェルの言葉には、大いに賛同できます。

ネガティブ要素へのケアは必要

ただし、問題のあるメンバーには、ある程度時間を割く必要があります。

なぜならば、「組織全体に悪影響が出る」からです。

問題社員をほうっておく、あるいは簡単に解雇してしまう、そんな組織は、少なくとも私はつくりたくありません。

ですから、問題のあるメンバーにも、真正面からぶつかるのです。

リーダーとしては、ここに葛藤《かっとう》もあるでしょう。

問題のあるメンバーに時間を割き、問題を指摘する。

そして改善させるという作業は、マイナス面、ネガティブ要素にフォーカスすることでもあるからです。

ここにばかり時間を割き、残りのポジティブ要素に目を向けないということでは、会社は成長できません。

ですから、ここで役割分担が必要となります。

問題のあるメンバーの対応に当たるのは、サブリーダー、いわゆる中間管理職の役割とします。

中間管理職にとって、ネガティブ要素にフォーカスするということは、貴重な経験値ともなるでしょう。

つまり、トップになるための「練習」です。

そして、トップは常にポジティブ要素に集中し、会社を成長させることに注力するのです。

本来ならば、ポジティブ要素にだけ集中していたいところですが、組織はそれほど単純なものではありません。

問題のあるメンバー＝ネガティブ要素に時間を割いたとしても、結局そのメンバーが自ら辞めてしまう場合もあるでしょう。

それでも、マイナス面、ネガティブ要素へのケアは必要だと思います。

それが、人を道具や駒のように扱わない、人を育てる土壌となるのですから。

第5章

感情を動かすには「アイデンティティ」を知れ

リーダーは自らリスクに立ち向かう

「ボス」と「リーダー」の違い

「ボスは人を追い立てる。リーダーは人を導く。
ボスは権威に頼る。リーダーは志と善意に頼る。
ボスは恐怖を与える。リーダーは熱意を吹き込む。
ボスは「私」という。リーダーは「私たち」という。
ボスは「時間通りに来い」という。リーダーは時間前に来る。
ボスは失敗を叱責する。リーダーは失敗を克服させる。
ボスはノウハウを胸に秘める。リーダーはノウハウを伝える。
ボスは仕事を苦役《くえき》に変える。リーダーは仕事をゲームに変える。
ボスは「やれ」という。リーダーは「やろう」という。」

これはイギリスの高級百貨店チェーン「セルフリッジ」の創業者ハリー・ゴードン・セルフリッジが語る「ボスとリーダーの違い」で、マクスウェルもたびたび引き合いに出す指標です。

この本をお読みのあなたが目指すべきは、もちろん「ボス」ではなく、「リーダー」です。

メンバーに対して仕事を「やらせる」のではなく、「一緒にやっていく」ことを指揮するのです。

リーダーに共感し、一体感を得ることで、メンバーは「やろう」という気になる。モチベーションを高めるのです。

マクスウェルは、リーダーに絶対不可欠な要素として、次の2点を挙げています。

- **必ず到達したいという目標地点があること**
- **一緒にそこを目指そうと人々を説得すること**

明確なビジョンがあり、共感を得ることで、メンバーとともにそこへ突き進んでいくことが、リーダーとしての理想像であり、強いチームの在り方といえるでしょう。

まずは自分がリスクを負う

「リスクを負っていけるかどうかが、一流のチームと二流のチームを分ける」

私は、このことをいつも肝に銘じています。

会社の成長に、さまざまな挑戦は必要不可欠。そこでリスクを負うことを恐れていては、前には進めず、停滞《ていたい》、あるいは衰退《すいたい》するだけです。

私は、リーダーは、自らが進んでリスクを負う姿勢を示すべきだと考えます。

そんなリーダーの姿勢にメンバーは共感し、自らもリスクを恐れないマインドを手にすると思うからです。

リーダーが抱えるリスクには、さまざまなものがあります。

経営者ともなれば、資金の借り入れなど、金銭面でのリスクを大きく背負い込むことになるでしょう。

そして、メンバーからの批判もまた、リーダーにとってはリスクの一つです。しかし、そのリスク、「批判されるかも」という可能性をあえて負うことが、メンバーに対する意思表示ともなります。

つまり、隠しごとをせず、何事もオープンにするという姿勢です。

多くの経営者は、会社の会計や経営状況を社員に公開することを嫌がります。

「社員にどう思われるかわからない」

「経営体質を批判されるかもしれない」

というリスクがあるからです。

しかし**私は経営者として、すべてを社員にオープンにしています。**

これが私の「隠しごとはしない」という意思表示であり、「みんなで一緒にやっていこう」というメッセージでもあるのです。

また同様に、私は自分自身のスケジュールも、幹部社員全員にオープンにしています。さらに、自身の活動報告も社内ミーティングでおこないます。

リーダーが率先してリスクを負う。

口でいうのは簡単かもしれませんが、実際にそのような機会は、たびたび訪れるとは限りません。

常日頃からリスクを負う。

それが私の場合は〝隠しごとをしない〟ということ、情報をオープンにすることなのです。

メリットは、感情を揺さぶる

一人ひとりに動機を与える

「人は、自分に最大のメリットをもたらすことに注力する」

マクスウェルは、**自分にメリットのないことには、真剣に取り組む気になれないというのが、人の感情である、**といっています。

ですから、リーダーはメンバーに対して「メリットを与える」「メリットに気づかせる」ことを実践しなければ、会社のパフォーマンスを上げることはできません。

第1章でお話しした「激励すること」は、じつはメンバーにとってもメリットになります。

がんばって仕事をすれば、励ましてもらえる。単純なようですが、これは人間の行動原理に鑑《かんが》みても、強力な動機づけとなるのです。

つまり、「励まされる」「ほめられる」ということが、「報酬」として機能するのです。

報酬を得ることができる。それは紛《まぎ》れもないメリットです。

給与をアップさせる、昇進させる、もちろんそれはメンバーにとっての大きな動機づけとなるでしょうが、メリットとは、金銭面だけではない、ということも、リーダーは知っておくべきです。

パフォーマンスが上がる報酬とは？

ここで、マクスウェルの考える「メンバーのパフォーマンスを上げる報酬」をご紹介しましょう。

まずは「**金銭**」です。

これは一番わかりやすい報酬です。お金はそれ自体が評価の基準ですし、「お金は必要ない」という人は、いないでしょう。

優れた仕事に対しては、正当な金額の報酬を与える。経営者が忘れてはならない当たり前のルールともいえるでしょう。

「ねぎらいの言葉」「励まし」も、立派な報酬です。

一番簡単に自分の行動が「報われた」と思えるのは、人からねぎらわれたときです。

「お疲れ様だったね」

「よくやったね」

「君のおかげで助かったよ」

そんなシンプルな言葉ひとつでも、メリットとしての効果はあるのです。

「休み（休暇）」が大きなメリットになるという場合もあります。

とくに忙しく働き続けて疲れている人や、プライベートの時間を大切にしている人などは、休みを与えられることを励みに、仕事のパフォーマンスを上げます。

「分け前を与える」というやり方もあります。

これは会社の利益を分与するということだけではありません。責任を拡大する。つまり会社のやり方や方向性に意見を述べる機会を与える、ということも考えられます。

「やりたい仕事をやらせる」ことも有効です。

本人が楽しんで打ち込める業務を割り振ることも、仕事をするメリットとなります。具体的には、前向きな配置転換などがその方法でしょう。

「昇進」をバネにパフォーマンスを上げる人もいます。

かつての年功序列制度のように「社歴が長ければ出世できる」ということではなく、「結果を出せば出世する」ということが重要です。

「**裁量権を与える**」ことも大切です。

つまり「やりたいようにやらせてもらえる」ことに喜びを感じる人もいるでしょう。

「仕事の自由度」が、報酬となるのです。

そして「**成長の機会**」を望む人もいます。

私が毎週社内でおこなっている自己啓発セミナーも、メンバーへの報酬のひとつと考えています。

このように、報酬にはさまざまな種類があります。

リーダーは、メンバー一人ひとりのアイデンティティ（価値観）を知り、どんな言葉かけが効果的か、相手が何を望んでいるのかを把握することが必要なのです。

「なりたい自分になる」ことは、
最大のメリットだ

マクスウェル式「アイデンティティの法則」

人が何を励みとして仕事をしているかを知るのは、本来、容易なことではありません。コミュニケーションを増やし、熱心に相手の話に耳を傾け、観察する。そうすることでようやく、相手の価値観がわかるのです。

それには、ある程度の期間も必要となります。

また人は、他ならぬ〝自分自身〟のことさえ、わからないものです。

「あなたのアイデンティティは何ですか？」

「あなたは何を価値観に据えて仕事をしているのですか？」

こんな質問には、なかなか即答できないでしょう。

自分にとって大切な価値観に従って仕事ができたら、素晴らしいことです。

つまり、仕事をすることによって「なりたい自分」になれるわけです。

これほど大きなメリットはない、と私は思います。

マクスウェルは、自分の価値観＝アイデンティティを確認するための、素晴らしいツールを創り上げました。

それが「アイデンティティの法則」です。

計38種のアイデンティティの中から、自分が大切にしているものを選び出し、さらに優先順位をつける。

この作業により、自分自身が何を目指しているのか、どんな生き方がしたいのかがわかるのです。

私の会社では、このツールを全メンバーに実践させ、さらに私を含むリーダーが、メンバー各人のアイデンティティを把握するようにしています。

38のアイデンティティ

①責任（行動と結果に責任を持つ）
②達成（最高水準を目指す）
③権力（意思決定、人事等についての権力を持つ）
④平衡（仕事、家庭、趣味のバランスを取る）
⑤変化（変化を好む、改善のための違った手法を試す）
⑥コミット（仕事などに対して、気持ちも思考も一致している）
⑦能力（スキル、必要な力がある）
⑧勇気（居心地のいい場所から抜け出す勇気）
⑨創造力（新しい方法を考え、目標達成する）
⑩顧客満足（高い顧客満足度を目指す）
⑪多様性（多様な文化を受け入れる）
⑫効果的（結果を得るための実行力）
⑬効率（無駄なく、効率的に結果を出す）

⑭　公正（公平に人を扱う）

⑮　信念／宗教（信仰するもの）

⑯　家庭（家族といる時間、その質と量）

⑰　健康（心身の健康）

⑱　楽しみ（ユーモア、笑うこと）

⑲　成長（自分の成長に投資する）

⑳　正直さ（嘘をつかないこと）

㉑　独立（他者の影響や指示を受けない）

㉒　誠実／高潔（どんな状況でもブレない自分）

㉓　知識（経験や学習を通して専門性を高める）

㉔　レガシー＝遺すもの（将来を考えた今日の変化）

㉕　忠誠（人、仕事、文化などへの忠誠）

㉖　金銭／財産（物質的な豊かさ）

㉖　情熱（ワクワクする気持ち、やる気）

㉗完璧（ミスのないことを目指す）
㉘クオリティ（素晴らしいクオリティ）
㉙表彰（表彰されること）
㉚シンプル（簡単に、無駄を省くことを追求）
㉛地位（役職、ステイタス）
㉜形式（きちんとしていること）
㉝チームワーク（グループ、チームで一致団結すること）
㉞信用（人からの信頼度、高潔さ）
㉟緊急（すばやい行動）
㊱奉仕（NPO、ボランティアなどでの奉仕）
㊲智恵（正しい判断のための深い理解）

以上が、マクスウェルが挙げる、人が持つ38のアイデンティティのかたちです。
まずはこの38のアイデンティティの中から、自分が大切に思っているものを6つ選びます。

そして6つの中から、さらに大切なものを3つ選びます。

さらに3つの中から2つ選びます。

最後に、2つのうちどちらが上かを選び、ナンバーワンを決めます。

これが、あなたが大切している価値観。つまり、アイデンティティです。

ここで覚えておきたいのは、5年前と3年前とでは、自分のアイデンティティは違うということ、つまり「アイデンティティは変化する」ということです。

たとえば、独身生活を謳歌《おうか》している人は16番の「家庭」をアイデンティティに選ぶことは少ないでしょう。しかし、その後、結婚して子どもが生まれ、家庭人となったら、家庭を大切に思う気持ちが芽生《めば》えて当然です。

ちなみに私の現在のアイデンティティには、34番「チームワーク」が上位に入っていますが、いま思えば、外資系保険会社でプレイヤーとしてガンガン仕事をしていたときには、チームワークなど気にしたこともなかったはずです。

また、レスキュー隊時代には36番「緊急」が、大切にしているアイデンティティの一つであったでしょう。

アイデンティティで目標達成する

次のステップとして、アイデンティティを「ビジュアル化」してみます。

選んだアイデンティティに従って生活した結果、どのような光景が広がっているかを想像するのです。

さらに次のステップは、「毎日やることに、アイデンティティの要素を盛り込む」ことです。

たとえば16番「家庭」がアイデンティティの人は、毎日家族とのコミュニケーションを取ることを習慣とします。「毎日1時間、夫婦の会話を持つ」「出張があっても、出張先から必ず家族に電話をする」などです。

要するに、アイデンティティを満たすための習慣をつくるのです。

また、自分自身の考える「今年はこんなことがしたい」という目標に、選び出したアイデンティティの要素が入っているかを確認してみましょう。

人は価値観に従って動くのですから、アイデンティティの要素が目標に入っていれば、その目標は達成しやすいのです。

自分自身のアイデンティティを確認することは、自分の進むべき方向、取るべき行動を明確にし、セルフマネジメント、目標達成に大きく役立つのです。

アイデンティティでメンバーを導く

このアイデンティティの法則は、ビジネスにおけるマネジメントにも有効活用できます。

チームメンバーのアイデンティティ＝価値観を把握できているということは、相手が何を望んでいるのか、何を目指しているのかがわかるということ。

ですから、励ましの言葉も、与えるべき報酬も、メンバー各人に最適なチョイスができるのです。

第1章で、私のメンバーとの個人面談は5分か10分で終わるというお話をしましたが、それもアイデンティティの法則があるからできることです。そう、相手に確認するのは、自分のアイデンティティに従って仕事ができているか？　ということのみだからです。

自分の価値観に従って仕事をし、「なりたい自分」に到達できる。

これはすべての人にとって最高の報酬となるのではないでしょうか。

そして、それを可能にしてくれるリーダーにこそ、人はついていくでしょう。

私もそんなリーダーを目指しています。

現状よりも「可能性」を見よ

自分自身が成長し、まわりの人たちも成長させる

「人は期待をかけられると、その期待に応えようとするもの」

「だから、〝現状〟ではなく、〝可能性〟に目を向けることが大切だ」

マクスウェルはそういっています。

メンバーが励まし合う。

メンバーに10点満点をつける。

大きなビジョンを見せる。

相手の価値観を知る。

これまでにお話ししてきたマクスウェルのリーダーシップ論に基づいた取り組みも、すべてはチームの持つ潜在能力・可能性を引き出すための作業といえます。

「どうすれば会社や組織を成長させられるか、という問いへの答えは非常に簡単。自分自身を成長させ、まわりの人たちも成長させることだ」とマクスウェルは語ります。

現状を分析し、問題解決を図る。

しかし、それ以上に大切なのが、「可能性」に目を向けること。

いまよりももっと成長できると信じ、そのための行動を取り続けるということです。

メンバーもまた、リーダーの可能性を見る

私自身、人から可能性を期待されることで成長してきました。

2年前に外資系の保険会社から独立した私でしたが、当初は一人で、大きなビジョンへ向かっていこうという夢こそあったものの、確固たる勝算はありませんでした。

「この先どうなるかは、わからない」。まさにそんな状況でした。

そんな中、私は、ある人物に声をかけました。

「いまはまだ小さな組織だけど、私には大きなビジョンがある。ぜひ協力していただきたい」

そういって、福岡に立ち上げる予定の支社を任せようとした人物。

それは私の消防学校時代の教官で、その後は福岡を拠点に保険営業で全国3位となる活躍をしていた人物でした。

彼がフォーカスしたもの、信じてくれたものは、私の「可能性」でした。

そして、何人もの優秀な部下を引き連れて、福岡支社長として私の下に来てくれたのです。

いまでは管理部長として、会社を支えてくれています。

彼がそのとき見ていたのが私の「現状」だけであったなら、全国3位の地位を捨ててまでして、私の会社のメンバーにはなってくれなかったでしょう。

リーダーはメンバーの可能性を見る。

メンバーもまた、リーダーの可能性を見る。

だからこそ、リーダーは自らが「成長」しなければならないのです。

そして同時に、メンバーの成長を促すために、工夫を凝《こ》らすのです。

メンバーの未来を明るいものにしようと、心から願う。

そんなときに、「世界一のメンター」の教えが、リーダーにとって、大きな指針となるのです。

おわりに――
私の感情を動かしてくれる人たちへ

最後までお読みいただき、ありがとうございました。

今回の出版は、私が本当に一番伝えたい内容を凝縮《ぎょうしゅく》しました。ジョン・C・マクスウェルと出会い、考え方が大きく変わり、人生が変わりました。

彼から教えてもらったことは、これからの人生にも大きく影響があり、自信を持って、楽しみながら生きていくためのベースにもなっています。

最後に、この本を書くうえで支えとなってくれた皆様に、感謝の言葉で締めくくりたいと思います。

まず、圧倒的なリーダーシップを発揮し、私の兄貴分として背中を見せてくれている株式会社ソルクレオの田中謙介さん、株式会社Ｂｉｒｔｈ47の高橋宏幸さん、お二人がいたから経営者として歩むことができました。本当にありがとうございます。

西山敏郎さん、伊達保彦さん、千崎慶一さん、平野大介さん、坂井保之さん、村上京介さん、八尋淳雄さん、山崎寿さん、清水彰彦さん、小石まことさん、武田孝治さん、一緒に会社でリーダーシップを発揮し、メンバーをいい方向へ導いてくれてありがとうございます。ＧｉｆｔＹｏｕｒＬｉｆｅのメンバーへ、これからも業界のため、日本のために力を合わせて、スーパーチームで頑張っていきましょう。

また、ジョン・Ｃ・マクスウェルとのご縁をつくってくださった齋藤貴彦さん、ソフィーさん、有川一三さん、心から感謝いたします。

稲村徹也さん、一緒にリーダーシップの学びを、これからもひとりでも多くの仲間に伝えていきましょう。藤山大樹さん、いつも私のサポートをしてくれてありがとうございます。心からのアドバイスは本当に一流です。石下貴大さんにも、感謝申し上げます。

そして、この本を出版するきっかけとなり、編集を担当してくれた、きずな出版の小寺裕樹さん、編集協力をしてくださった中西謡さんに、感謝申し上げます。

最後に私の家族へ。

いつも本当にありがとう。一緒に過ごせて幸せです。これからも楽しみながら思い出をたくさんつくっていきましょう！

豊福公平

著者紹介

豊福公平　Kohei Toyofuku

外資系生命保険出身の元ライフプランナー。

2005年にハイパーレスキュー隊員(公務員)からライフプランナーに転職。入社以来、毎年社長杯入賞、毎年MDRT (Million Dollar Round Table＝世界71の国と地域に会員を持つ組織。毎年世界中の生命保険・金融サービス専門職のトップクラスのメンバーで構成される) 入会の快挙を果たす。

新規のお客さまの世帯数は毎年100世帯を超えるトップセールスマンにまで成長することができた。

現在、Gift Your Life株式会社代表取締役社長。

ライフプランナーとして人生設計のアドバイスをするとともに、エグゼクティブトレーナーとして経営者や組織のリーダー、人脈を構築したいビジネスパーソンに向けて「人脈開拓のための究極のリーダーシップ」を提供している。

著書に『たった20秒ではじめて会うお客さまの心をつかむ技術』(KADOKAWA)、『すごい交渉術』(SBクリエイティブ) がある。

ジョン・C・マクスウェル式
感情で人を動かす
―世界一のメンターから学んだこと

2015年9月1日　第1刷発行

著　者　豊福公平
発行者　櫻井秀勲
発行所　きずな出版
東京都新宿区白銀町1-13　〒162-0816
電話03-3260-0391　振替00160-2-633551
http://www.kizuna-pub.jp/

装　幀　福田和雄（FUKUDA DESIGN）
編集協力　中西謡
印刷・製本　モリモト印刷

ISBN978-4-907072-40-7

きずな出版